哈哈学古文

有意思的古文课 9

唐宋八大家散文经典（上）

韩兴娥 · 主编　哈哈星球 · 译注　陈　伟 · 绘

二十一世纪出版社集团
21st Century Publishing Group

图书在版编目(CIP)数据

有意思的古文课. 9，唐宋八大家散文经典 上 / 韩兴娥主编；哈哈星球译注；陈伟绘. -- 南昌：二十一世纪出版社集团，2022.2
(哈哈学古文)
ISBN 978-7-5568-5938-2

Ⅰ. ①有… Ⅱ. ①韩… ②哈… ③陈… Ⅲ. ①文言文－中小学－教学参考资料 Ⅳ. ①G634.303

中国版本图书馆 CIP 数据核字(2022)第 009396 号

有意思的古文课 9·唐宋八大家散文经典（上）
YOU YISI DE GUWEN KE 9·
TANGSONG BADAJIA SANWEN JINGDIAN(SHANG) 韩兴娥·主编　哈哈星球·译注　陈 伟·绘

出 版 人　刘凯军
项目统筹　马 婷
策划编辑　刘 丹
责任编辑　马 婷　刘 浏
音频录制　彭 弘　非鱼 Hz
装帧设计　杨 静
版式设计　柴晓荷
出版发行　二十一世纪出版社集团有限公司
(江西省南昌市子安路 75 号　330025)
www.21cccc.com　cc21@163.net
承　　印　江西千叶彩印有限公司
开　　本　787 毫米 × 1092 毫米　1/16
印　　张　8.5
印　　数　1 ~ 15000
字　　数　110 千字
版　　次　2022 年 2 月第 1 版
印　　次　2022 年 2 月第 1 次印刷
定　　价　40.00 元

序言

中华古文经典是我们的民族智慧、民族心灵的庞大载体，是我们民族生存、发展的根基，也是几千年来维系我们民族屡经重大灾难而始终不解体的坚强纽带。中华文明流传千古，究其原因，很重要的一点就是中华文明保留着绵延不断的文化经典，《诗经》《道德经》《论语》《孟子》，魏晋散文、唐诗、宋词、元曲、明清小说……几千年来，无数高贵而有趣的灵魂用生命粹成的经典烛照着一代又一代中华子孙从蒙昧中走出来，向着文明和美好一步步迈进。这些经典是民族的文化之源、精神之根、生命之魂，有着巨大的种子能量。我们提倡现代儿童读经典，其初衷就是把中华文化的种子播撒在孩子幼小的心田里，使之随着儿童的精神体魄一起发芽、成长、开花、结果，然后世代相传。

孩子在十一二岁的年纪，记忆力好，理解力也增强了，价值观正开始形成，倘若在这个阶段能多接受一些古典文化的熏陶，并且喜爱上这些流传千古、脍炙人口的美好篇章，将获得一生受用不尽的宝贵财富。现代文学大师巴金先生妙笔生花，写得一手锦绣文章，有人问他是怎么学写文章的，他说，把《古文观止》背诵过之后，文章自然就写出来了。古文经典就是有这样的力量，这样的经典，我们的孩子怎么能错过呢?

韩兴娥老师的学生是有福气的，“海量阅读”的师生们也是有福气的，我很了解并欣赏韩兴娥老师“海量阅读”的教学理念，也听过韩老师上的语文课。韩老师的课非常精彩，主要不是因为教师讲得精彩，而是她的学生发言精彩，班上很多学生即兴发言，引经据典，口若悬河，出口成章，真让听课的教师们心悦诚服。那天坐在我身旁听课的一位高中语文教师赞叹说，他所教的高中学生，知识面也不过如此。课后我问韩老师为何她的学生能这样出彩，韩老师说她一直让孩子在课内外读海量的书，不同学龄段的孩子读不同的书：儿歌、古诗词、成语故事、古文……

现在，韩老师把她古文课的教学内容编成书了，这实在是孩子们的福音。韩老师有一个本事，她总是能化繁为简，变难为易，让孩子学得轻松，老师教得不累。文言文难读、难诵，常给人以艰深晦涩之感，究其原因，无外有二：一是古文中许多文字在现代文中已不常使用，字音难读、词意难解；二是古之文法较于当今的语言习惯已有许多不同，文意难解。两者中，又以字词难解、难读最令人困扰。韩老师的这套《有意思的古文课》成功地消解了这两大难点：第一，原文与译文以对开页编排，阅读时相互对照，意思一目了然，有助于理解文意；第二，古文中难读费解的字词，文中有注音，文下有注释，有些难理解的字词旁用小漫画图解，帮助孩子理解词义，这真是极具创意的，这样的编排使得让人望而生畏的古文，一下子变得亲切有趣又活泼可爱起来，孩子读起来会更轻松；第三，古文原文采用普通话朗读和“陈琴歌诀乐读法”两种方式诵读，普通话朗读有助于正音，“陈琴歌诀乐读法”诵读有助于记诵。“素读经典”创始人陈琴老师的“歌诀乐读法”可以说是学习古诗文的独家秘籍，这次由她的得意门生彭弘老师为韩兴娥老师这套书献声，真是“强强联合”，足见两位名师的情谊。

有人将“经典”局限于先秦儒家经典，也有人认为小学生诵读最好以唐宋诗词为主，这样的观点无疑会大大窄化经典诵读的内容，不利于传承中华民族优秀的传统文化，对那些阅读文言文有潜力的孩子更是损失。教育部颁布的《义务教育语文课程标准》强调加强中华传统文化教育，最新推出的统编教材入选古诗文的数量比原来的人教版教材增加了近 80%，但是每册教材中入选的古文数量不多，而且大多为篇幅短小的寓言故事、成语故事等，很难满足那些对古文有兴趣，并且有阅读潜力的孩子的需要。中国几千年流传的文化典籍浩如烟海，历代美文名篇不胜枚举。这套《有意思的古文课》，所选古文从春秋战国一直到明清时代，都是经典中的经典，作为中国人，你如果不读这些篇章是要遗憾的，是要失根的，是会让你的文化生态链断裂的，这些篇章是你此生必读之经典。有人说这些经典古文很好，但是儿童读不懂，或者是似懂非懂。其实随着儿童心智的不断成熟，幼时积淀到生命深处的东西会慢慢酝酿，慢慢发酵，最后化为一个人独特的素质和修养。这是长大以后无论怎么学习都无法弥补和赶上的，这就是所谓的童子功。这套丛书基本将教育部要求小学、初中、高中阶段学习的古文都收录其中，并依难易程度按学龄特点分册编排。

希望此书的出版，能让那些喜欢经典的孩子了解我们的祖先、我们的文化、我们的文学！愿孩子们能将中华文化的种子植入心田，静待开花！也愿韩兴娥老师“海量阅读”之路越走越远，惠及更多老师和孩子！

上海师范大学 吴忠豪

2020 年 2 月 19 日　写于海廷

目录

01

祭十二郎文

韩愈

唐代

姓　　名 韩愈

别　　称 字退之，世称韩昌黎、昌黎先生

出 生 地 不详

生 卒 年 公元 768—824 年

生命指数 57 岁

畅销书作家

代表作：《师说》《马说》《进学解》

文学大咖

与柳宗元并称“韩柳”

与柳宗元、欧阳修、苏轼合称“千古文章四大家”

风尚达人

倡导古文运动

苏轼称赞他“文起八代之衰”

注：本套书选文作者年龄均按虚岁计算。

抬头看月光，仍会想起你

人世间至深的悲凉，莫过于生离死别，但对于韩愈来说，也许是来不及赴一场青春之约。

年少暂别，总以为后会有期，但岂料，命若琴弦。一场小病带走了十二郎年轻的生命，让只大他两岁的叔叔韩愈，背负了一生的愧疚。

逝去的亲人，其实并没有真的离开，而是化作一抹皎洁的月光，包裹着我们的后半生。

化为思念，他写下千古悼文，那个一向凛冽、刚硬的人，不再雄辩，却赋深情。

化为勇气，让他一介书生，单刀赴会，沙场点兵，看秦岭巍峨，听黄河浩瀚，终于功成名就。

韩愈用成为一个更好的自己，让他和侄儿的生命从此对仗，永远地留住了十二郎。

❶年、月、日，季父愈闻汝丧之七日，乃能衔(xián)哀致诚，使建中远具时羞之奠，告汝十二郎之灵：

❷呜呼！吾少孤，及长(zhǎng)，不省(xǐng)

所怙(hù)，惟兄嫂是依。

解字析词

- 季父：最小的叔父。
- 羞：同“馐”，味美的食品。
- 奠：以酒肉祭死者，这里指祭品。
- 十二郎：韩愈次兄韩介之子韩老成，过继给其长兄韩会，因在族中排行十二，故称“十二郎”。
- 孤：幼年丧父。
- 省：知道。
- 怙：依靠。

①某年某月某日，小叔叔韩愈在听到你去世消息后的第七天，才能含着悲痛来向你倾吐衷情，派遣建中远路赶去，置办了时鲜味美的祭品，祭告于你十二郎的灵前：

②唉！我从小就失去了父亲，等到长大，不知道父亲（的样子），唯有哥哥和嫂嫂可以依靠。

日益精进

◆ 祭文

一种文体，用于告飨（xiǎng）神祇或祭奠亲友。

中年，兄殁(mò)

南方，吾与汝俱幼，从嫂归葬河阳。既又与汝就食江南，零丁孤苦，未尝一日相离也。吾上有三兄，皆不幸**早世**，承先人后者，在孙惟汝，在子惟吾，两世一身，形单影只。嫂尝抚汝指吾而言曰：“韩氏两世，惟此而已！”汝时尤小，当不复记忆，吾时虽能记忆，亦未知其言之悲也。

解字析词

- 殁：死。
- 早世：早死。

（才到）中年，哥哥就死在南方，我和你都年幼，跟着嫂嫂（把哥哥的灵柩）送回河阳安葬。随后（我）又和你一起到江南谋生，孤苦伶仃，没有一天（与你）分开过。我上面有三个哥哥，都不幸早死，承续先人后代的，在孙子辈中只有你一人，在儿子辈中只有我一人，两代都是独苗，形影孤孤单单。嫂嫂曾经（一手）抚摸着你、（一手）指着我说："韩家两代人，就只有你们俩了！"你当时（比我）更小，可能不再记得了，我那时虽然能记得，但并没有体会出嫂嫂的话有多么悲凉。

日益精进

◆ 怙、恃

《诗经·小雅·蓼莪（lù'é）》中有"无父何怙，无母何恃"，大意是没有了父母也就失去了依靠，所以后世用"怙"代表父亲，用"恃"代表母亲，丧父叫"失怙"。

③吾年十九，始来京城。其后四年，而归视汝。又四年，吾往河阳省(xǐng)坟墓，遇汝从嫂丧来葬。又二年，吾佐董丞相于汴(biàn)州，汝来省(xǐng)吾，止一岁，请归取其孥(nú)。明年，丞相薨(hōng)，吾去汴州，汝不果来。是年，吾佐戎(róng)徐州，使取汝者始行，吾又罢去，汝又不果来。

解字析词

- 视：探望。
- 省：多指对长辈的探望。
- 止：住。
- 孥：妻子儿女的统称。
- 薨：周朝诸侯死叫“薨”，唐朝三品以上官员死也叫“薨”。
- 佐戎：辅佐军事。

③我十九岁那年，初次来到京城。此后过了四年，（我）才回去看你。又过了四年，我到河阳拜谒（先人）坟墓，碰上你送（我）嫂嫂的灵柩来安葬。又过了两年，我在汴州辅佐董丞相，你来探望我，住了一年，要求回去接家眷。第二年，董丞相去世，我离开汴州，你也最终没有来。这一年，我在徐州辅佐军务，派去接你的人刚启程，我又被罢职离开（徐州），你又没有来成。

日益精进

◆ 古代对人死的称呼

薨、崩、卒、死、没（mò），这五个字都是古时对人死的称呼，这反映了古代社会严格的等级制度。《礼记·曲礼下》中这样写道："天子死曰崩，诸侯曰薨，大夫曰卒，士曰不禄，庶人曰死。""没"等于"去世"，后来写作"殁"。

吾念汝从于**东**，东亦客也，不可以久。图久远者，莫如**西**归，将成家而致汝。呜呼！孰谓汝**遽**(jù)去吾而殁乎！吾与汝俱少年，以为虽暂相别，终当久相与处，故舍汝而旅食京师，以求斗(dǒu)**斛**(hú)之禄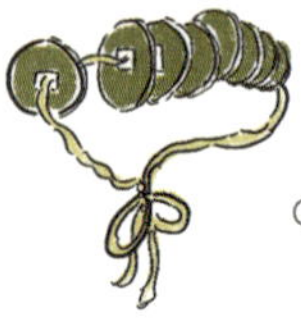。诚知其如此，虽**万乘**(shèng)之公相(xiàng)，吾不以一日辍(chuò)汝而就也！

解字析词

- 东：指汴州、徐州。
- 西：指河阳。
- 遽：突然。
- 斛：古时十斗为斛，后又以五斗为斛。
- 万乘：周朝制度，天子领地方千里，能出兵车万辆，故称“万乘”。战国时，有些大诸侯国亦能出兵车万辆，也称“万乘”。这里“万乘”形容最大俸禄。

我想就算你跟我到东边，（在）东边（我们）也是客居，不能长久。从长远打算，不如回到西边，（我）想先安好家，然后接你来。唉！谁能料到你突然离开我去世了！我和你都还年轻，以为虽然暂时分离，终会长久在一起，所以放下你跑到京城谋生，指望挣斗斛禄粮的薪俸。要是知道会这样，即使（给我）有万乘车辆的宰相职位，我也不愿离开你一天而去就任啊！

日益精进

◆ 古代容量单位

古代主要的容量单位有升、斗、斛等。十升为一斗，十斗为一斛，南宋末年改五斗为一斛。

❹去年，**孟东野**往，吾书与汝曰：“吾年未四十，而视茫茫，而发苍苍，而齿牙动摇。念**诸父**与诸兄，皆**康强**而早世，如吾之衰者，其能久存乎？吾不可去，汝不肯来，恐旦暮死，而汝抱无涯之**戚**(qī)也。”孰谓少(shào)者殁而长(zhǎng)者存，强者夭(yāo)

而病者全乎？呜呼！**其**信然邪(yé)？其梦邪？其传(chuán)之非其真邪？

解字析词

- 孟东野：即孟郊。
- 诸父：伯父、叔父的总称。
- 康强：无病强壮。
- 戚：忧伤。
- 其：难道。

④去年，孟郊去（你那边），我写信（让他捎）给你说："我年纪还不到四十，已两眼昏花，头发斑白，牙齿松动。想到（我的）叔伯和兄长们，都身体好好的就过早去世，像我这样衰弱的人，怎么能长久地活着呢？我离不开，你不肯来，（我）只怕（自己）早晚死去，而你（将要）怀着无穷的悲哀。"谁料年轻的死了而年长的还活着，强壮的夭折了而病弱的却保全了呢？唉！（这）难道是真的吗？难道是做梦吗？难道传来的消息不真实吗？

日益精进

◆ "齿牙动摇"

韩愈在很多诗文中都叹息自己牙齿摇落，如他在诗歌《落齿》中写道："去年落一牙，今年落一齿。俄然落六七，落势殊未已。余存皆动摇，尽落应始止。"

信也，吾兄之盛（shèng）德而夭其嗣（sì）乎？汝之纯明而不克蒙其泽乎？少者强者而夭殁、长者衰者而存全乎？未可以为信也！梦也，传（chuán）之非其真也！东野之书、**耿兰**之报，何为而在吾侧也？呜呼！其信然矣！吾兄之盛德而夭其嗣矣！汝之纯明宜业其家者，不克蒙其泽矣！所谓天者诚难测，而**神**者诚难明矣！所谓**理**者不可推，而**寿**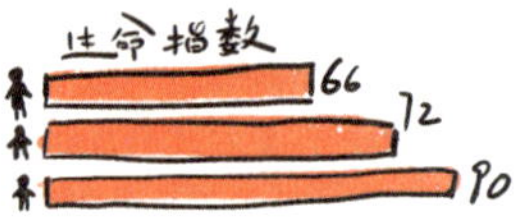

者不可知矣！

解字析词

- 耿兰：十二郎的仆人。
- 神：神灵。
- 理：事理。
- 寿：寿命。

如果是真的，为什么我哥哥有美好的品德而（老天让）他的后嗣早死呢？为什么你这样纯洁聪明却不能承受他的恩泽呢？为什么年轻强壮的反而夭折，年老衰弱的反而健在？（这）不是能让人相信的呀！这是梦吧，传来的消息不是真的吧！孟郊的信、耿兰的报丧，为什么在我身边呢？唉！这大概是真的呀！我哥哥品德美好反而他的儿子夭折了呀！你纯洁聪明适于操持家业，（却）不能承受先人的恩泽了呀！所谓天，实在难以预测；所谓神，实在是不明察呀！所谓理，不能推究；所谓寿，不可预知呀！

日益精进

◆ 韩孟

唐代文学家韩愈、孟郊的并称。两人是好朋友，诗风也很相近，韩愈诗中常把自己与孟郊并举，二人还经常写联句，所以后人论诗，也常以“韩孟”合称。

⑤虽然，吾自今年来，**苍苍者**或化而为白矣，**动摇者**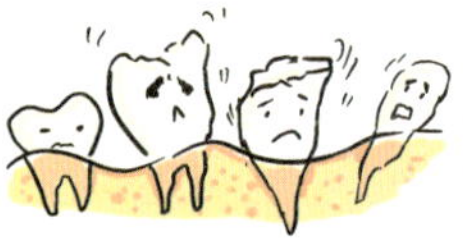或脱而落矣，**毛血**(xuè)日益衰，**志气**日益微，几(jǐ)何不从汝而死也！死而有知，**其几何离**？其无知，悲不几时，而不悲者无穷期矣！汝之子始十岁，吾之子始五岁，少而强者不可保，如此**孩提**者，又可冀其成立邪？呜呼哀哉！呜呼哀哉！

解字析词

- 苍苍者：指斑白的头发。
- 动摇者：指松动的牙齿。
- 毛血：毛发血脉，指体质。
- 志气：指精神。
- 其几何离：分离会有多久呢？意谓死后仍可相会。
- 孩提：指幼儿。

⑤尽管如此，我从今年以来，斑白的头发有的已经全白了，松动的牙齿有的已经脱落了，体质一天天衰弱，精神一天天减退，不用多久就会随你死去呢！死后如果有知觉，那（我们）还能分离多久呢？如果没有知觉，（那我）悲伤不了多少时间，而没有悲伤的日子将是无穷无尽的呀！你的儿子才十岁，我的儿子才五岁，年轻强壮的都保不住，这样的小孩子，还能期望他们长大成人吗？唉！真是悲哀呀！真是悲哀呀！

日益精进

◆ 呜呼哀哉

感叹用语，旧时祭文常用，表示对死者的悲悼。现在有“死亡”的意思，也指事情完结，含有一定的诙谐或讽刺意味。

⑥汝去年书云：“**比**(bì)得**软脚病**，往往而剧。”吾曰：“是疾也，江南之人常常有之。”未始以为忧也。呜呼！其竟以此而**殒**(yǔn)

其生乎？**抑**别有疾而致斯乎？汝之书，六月十七日也。东野云，汝殁以六月二日，耿兰之报无月日。盖东野之使者，不知问家人以月日，如耿兰之报，不知当言月日。东野与吾书，乃问使者，使者妄称(wàngchēng)

以应(yìng)之耳。其然乎？其不然乎？

解字析词

- 比：最近。
- 软脚病：即脚气病。这种病从脚起，能使足胫肿大，浑身软弱无力。
- 殒：死亡。
- 抑：表示选择，相当于“或者”“还是”。

⑥你去年的来信说："最近得了脚气病，时常发作得很厉害。"我（回信）说："这种病，江南人经常得。"不曾把（它）当作可忧虑的事。唉！难道（你）竟然是因为这种病而丧命的吗？还是有别的重病导致这样的呢？你的信，是六月十七日写的。孟郊说，你死在六月二日，耿兰的报丧没说你死的月日。可能孟郊的使者不知道要向家人问死期，正如耿兰报丧不知道要说死期。孟郊给我写信时，才问使者，使者胡乱说（时间）来应付他。大概是这样的吗？或者不是这样的吧？

日益精进

◆ 侄

本文中的"十二郎"是韩愈的侄子。古代对兄弟的子女的称呼，有"兄子""兄女""从子""从女""犹子""犹女"等，最常见的则是"侄"。但在晋代以前，"侄"只是女性对兄弟的子女的称呼，男性对兄弟的子女只能称"兄子""从子"之类。从晋代开始，这种情况发生变化。《颜氏家训·风操》就说到，"晋世已来，始呼叔侄"。

7 今吾使建中祭汝，吊汝之孤与汝之乳母。彼有食可守以待**终丧**，则待终丧而取以来；如不能守以终丧，则遂取以来。其余奴婢，并令守汝丧。吾力能改葬，终葬汝于先人之**兆**，然后惟其所愿。

解字析词

- 终丧：服满父母去世后三年之丧。
- 兆：墓地。

⑦如今我派建中来祭奠你，慰问你的儿子和你的奶妈。（如果）他们有粮食可以守灵到三年丧满，（我）就等丧满后再接他们来；如果无法守灵到丧满，（我）就马上把他们接来。其余的奴婢，都让他们守你的丧。（如果）我有能力（为你）改葬，最终一定把你葬在祖先的墓地里，这样之后我的心愿才得以了却。

日益精进

◆ 服丧、服阕（què）

旧时，长辈或平辈亲属等死后，遵照礼俗，在一定时期内戴孝，表示哀悼，此为“服丧”。古丧礼规定，父母死后服丧三年，期满除服，称为“服阕”。

呜呼！汝病吾不知时，汝殁吾不知日，生不能相养以共居，殁不能抚汝以尽哀，敛(liàn)不凭其棺，窆(biǎn)不临其穴(xué)，吾行负神明，而使汝夭，不孝不慈，而不得与汝相养以生、相守以死。一在天之涯，一在地之角，生而影不与吾形相依，死而魂不与吾梦相接，吾实为之，其又何尤！彼苍者天，曷(hé)其有极！

解字析词

- 敛：同“殓”，把尸体装入棺材。
- 窆：落葬。
- 曷：何。

唉！你生病我不知道时间，你去世我不知道日期，（你）活着时（我们）不能相互照应住在一起，（你）死后（我）不能抚摸你（的遗体）致哀，（你）入殓时（我）不曾挨着你的棺材，（你）落葬时（我）不曾到过你的墓穴，我的行为辜负了神灵，因而使你夭折；（我）不孝顺不慈爱，因而不能和你相互照应一起生活、相守在一起死去。（我们）一个在天涯，一个在地角，（你）活着时影子不能和我的身子相互依偎，（你）死后灵魂不能和我的梦魂相亲近，（这）实在是我造成的，还能怨谁呢！那苍茫无边的天哪，（我的悲哀）什么时候才是个头呢！

日益精进

◆ “彼苍者天，曷其有极”

“彼苍者天”出自《诗经·秦风·黄鸟》：“彼苍者天，歼我良人。”“曷其有极”出自《诗经·唐风·鸨（bǎo）羽》：“悠悠苍天，曷其有极。”

8 自今以往，吾其无意于人世矣！当求数顷(qǐng)之田于伊、颍(yǐng)之上，以待余年。教(jiào)吾子与汝子，幸其成；长(zhǎng)吾女与汝女，待其嫁。如此而已。呜呼！言有穷而情不可终，汝其知也邪？其不知也邪？呜呼哀哉！尚飨(xiǎng)！

解字析词

- 尚飨：古代祭文结尾用语，也作“尚享”，意思是希望死者来享用祭品。

⑧从今以后，我大概也就没什么心思活在这世上了！（我）打算在伊水、颍水岸边买几顷田，打发余生。教育我的儿子和你的儿子，希望他们长大成人；抚养我的女儿和你的女儿，等待她们出嫁。就像这样罢了。唉！话有说完的时候，而哀痛的心情没有终了，你知道吗？还是不知道呢？唉，痛心哪！希望你的灵魂来享用祭品哪！

日益精进

◆ 名家对《祭十二郎文》的评价

是祭文变体，亦是祭文绝调。（清·沈德潜）

读此等文，须想其一面哭、一面写，字字是血，字字是泪。未尝有意为文而文无不工，祭文中千年绝调。（清·吴楚材 吴调侯）

朗读版　　诵读版

02

种树郭橐驼传

柳宗元

唐代

姓　　名　柳宗元

别　　称　字子厚，世称柳河东、河东先生

出 生 地　长安（今陕西省西安市）

生 卒 年　公元 773—819 年

生命指数　47 岁

素质教育推广人

鼓励读书，兴办学堂，推广医学

文学大咖

与韩愈并称“韩柳”，与刘禹锡并称“刘柳”，与王维、孟浩然、韦应物并称“王孟韦柳”

减法的真相

唐元和十四年，初冬夜，柳州的一间房舍里，柳宗元病重，结束了他四十七年的人生。窗外夜色凄凉，屋内漆黑的棺木渐渐关阖，此时好友刘禹锡正为他写下悼文，而另一边，召他回京的文书还在路上。

一生忠诚，一生惦念，一生阴差阳错。恍惚间，人们听到天空幽幽回响：孤舟蓑笠翁，独钓寒江雪。

天才的少年，失败的政治家，被放逐的诗人，百姓的差役，会讲故事的掌灯人……韩愈说他意气风发，那是他谈论起理想时眼中的光芒。

在人生转折到来的两年前，他为一个园丁，写下了一篇传记。这个被世人嗤笑的驼背者，是个世外高人，他说让树苗长高并无诀窍，唯一的真相，就是放手，就是尊重，就是做减法。

许多年以后，法国巴黎圣母院，另一个丑陋的驼背者敲起了至善的鸣钟。钟声起，不知柳宗元能否听到回响。

❶郭橐(tuó)驼，不知始何名。病偻(lǚ)，隆然伏行，有类橐驼者，故乡人号之“驼”。驼闻之曰：“甚善。名我固当(dàng)。”因舍(shě)其名，亦自谓“橐驼”云。

解字析词

- 橐驼：即骆驼。郭橐驼因驼背而得名。
- 病偻：患了脊背弯曲的病。
- 隆然：脊背高起的样子。
- 伏行：弯着腰走。
- 类：似。
- 名我固当：用这个名字称呼我确实很恰当。

①郭橐驼，不知道（他）原名叫什么。（他）患有伛偻(yǔ lǚ)病，脊背高高突起，弯着腰走路，就像骆驼一样，所以乡里人称呼他“驼”。橐驼听说后，说：“（这个名字）很好哇。用这个名字称呼我确实很恰当。”于是（他）舍弃了自己（原来的）名字，也自称起“橐驼”来。

日益精进

◆ 橐驼

“橐”是一种口袋。《汉书·司马相如传》中提到了“橐驼”，颜师古注释道：“橐驼者，言其可负橐囊（náng）而驼物，故以名云。”因为骆驼可以背口袋，以背载物，所以古人称骆驼为“橐驼”。

❷其乡曰丰乐乡，在长安西。驼业种树，凡长安豪富人为观游及卖果者，皆争迎取养。视驼所种树，或移徙(xǐ)，无不活；且硕茂，早实以蕃(fán)。他植者虽窥伺(kuī sì)效慕，莫能如也。

❸有问之，对曰："橐驼非能使木寿且孳(zī)也，能顺木之天，以致其性焉尔。

解字析词

- 业：以……为业。
- 移徙：移植。
- 蕃：多。
- 窥伺效慕：暗中观察仿效。效慕，仿效。
- 孳：繁殖。
- 天：天性，指自然生长规律。

② 他的家乡叫丰乐乡，在长安城西边。郭橐驼以种树为职业，凡是长安城里要修建园林的豪富人，以及卖水果的人,都争着接他到家中供养。（人们）看橐驼种的树，或者移植的树，没有不成活的；而且高大茂盛，果实结得又早又多。其他种树的人即使暗中观察仿效，也不能和他相比。

③ 有人问他（种树种得好的原因），（他）回答说："我橐驼并不能使树木活得长久而且长得茂盛，（不过是）能够顺应树木的自然生长规律，使它依照本性（生长）而已。

日益精进

◆ 伛偻

"伛"指弯腰曲背，"偻"指身体弯曲。"伛偻"意为腰背弯曲，也表示恭敬的样子。

凡植木之性，其本欲舒，其**培**欲平，其土欲故，其**筑**欲密。既然已，勿动勿虑，去不复**顾**。其**莳**(shì)也若子，其置也若弃，则其天者全而其性得矣。故吾不害其长(zhǎng)而已，非有能硕茂之也；不**抑耗**其实而已，非有能早而蕃之也。他植者则不然。根**拳**而**土易**，其培之也，若不过焉则不及。

解字析词

- 培：培土。
- 筑：捣土。
- 顾：照看。
- 莳：栽种。
- 抑耗：损伤。
- 拳：拳曲，伸展不开。
- 土易：土换成了新的。

大凡种树的方法，树木的根要舒展，培土要均匀，要用旧土，捣土要紧实。已经种完了，（就）不要再动它，不要再忧虑它，离开后就不再照看它。栽种时要像对待孩子一样（细心），栽好后要像丢弃它一样（放在一边），那么树木的天性就得以保全，它的本性也就能够得到充分发展。所以我（只是）不妨碍它的生长罢了，没有能使它长得高大茂盛（的办法）；（只不过）不损伤它的果实罢了，没有能使它结果实又早又多（的诀窍）。别的种树人却不是这样。（种树时，）树根拳曲着，又换了新土；他们给树培土，如果不是多了，就是不够。

日益精进

◆ 古代农具（一）

耒耜（lěi sì），是古代用来耕地翻土的农具。耒上端弯曲，下端分叉，是人扶持耜的把柄。耜是耒耜下端用来起土的部分，有用金属制成的，也有用骨、石制作的。后来，人们用“耒耜”来泛称农具。

苟有能反是者，则又爱之太恩，忧之太勤。旦视而暮抚，已去而复顾。甚者，爪(zhǎo)其肤以验其生枯，摇其本以观其疏密，而木之性日以离矣。虽曰爱之，其实害之；虽曰忧之，其实仇之；故不我若也。吾又何能为哉！”

解字析词

- 苟：假使。
- 恩：宠爱。
- 爪：指甲，这里用作动词，用指甲抠、掐。
- 肤：指树皮。
- 生枯：生死。
- 疏密：指土的松紧。
- 吾又何能为哉：我又有什么特别的能耐呢？

假使有能够和这种做法相反的人，就又养护太过，担忧太多。早晨去看了，晚上又去摸摸；已经离开了，又回来望望。更严重的，掐破树皮来观察它是死了还是活着，摇动树的根部来看培土是松还是紧，（这样）就一天天背离了树木的本性。虽说是喜爱它，这实际上是害它；虽说是担心它，这实际上是仇视它；所以他们不如我。我又有什么特别的能耐呢?”

日益精进

◆ 古代农具（二）

铚（zhì），古代耕种时会用到的一种镰刀，短小而锋利；钱，本来是一种农具，形状像铲子，因为古代曾以这种农具作为交易媒介，所以后来“钱”泛指货币；镈（bó），古代一种锄田去草的农具。

❹问者曰：“以子之道，移之官理，可乎?”驼曰：“我知种树而已，理，非吾业也。然吾居乡，见**长（zhǎng）人者**好（hào）**烦**其令，若甚怜焉，而卒以祸。旦暮吏来而呼曰：‘官命促尔耕，**勖（xù）**尔植，督尔获，早**缫（sāo）**而**绪**，早织而**缕**，**字**而幼孩，**遂**而鸡豚。’

解字析词

- 长人者：做官的。长，统治、治理。
- 烦：繁多。
- 勖：勉励。
- 缫：把蚕茧浸在热水里抽出蚕丝。
- 绪：丝头。
- 缕：线。
- 字：养育。
- 遂：成、养好。

④ 问的人说：“把你（种树）的方法，转用到做官治民上，可行吗?”橐驼说：“我只知道种树罢了，做官治民，不是我的职业。但是我住在乡里，看见那些官吏喜欢不断地发号施令，好像很怜爱（百姓），但到头来因此害了（他们）。从早到晚那些小吏跑来大喊：‘长官命令，催促你们耕地，勉励你们种植，督促你们收获，早些煮茧抽丝，早些织好你们的布，养育好你们的孩子，喂养好你们的家禽牲畜。’

日益精进

◆ 古代的丝织品

在古代，“帛”是丝织品的总称，而所谓“絮”和“绵”，都是指丝绵。帛与布，形成了高级衣服与低级衣服的对比。贫贱的人穿不起丝织品，只能穿麻织品，所以“布衣”成了古代庶人的代称。

鸣鼓而聚之，击木而召之。吾小人辍(chuò) 

飧(sūn) 

饔(yōng)以劳吏者，且不得暇，又何以蕃吾生而安吾性耶(yé)？故病 

且怠(dài)。若是，则与吾业者其亦有类乎？”

❺问者曰：“嘻(xī)，不亦善夫(fú)！吾问养树，得养人术。”传(zhuàn)  其事以为官戒也。

解字析词

- 辍：中断，停止，放下。
- 飧：晚饭。
- 饔：早饭。
- 蕃：使繁盛。
- 病：困苦。
- 怠：疲倦。
- 传：记载。

（他们一会儿）打鼓招聚大家，（一会儿）敲梆召唤大家。我们这些小民中断吃饭去招待那些小吏尚且忙不过来，又怎能使我们人口增加、生活安定呢？所以（我们）既困苦又疲惫。如果这样看的话，（它）与我种树的职业大概也有相似的地方吧？”

⑤ 问的人说：“嘻，（这）不也很好吗！我问种树的方法，（却）得到了治民的方法。”（我）把这件事记载下来，把（它）作为官吏们的鉴戒。

日益精进

◆ 传

作为一种文体的“传”即传记，指记录某人生平事迹的文字；活用为动词时，意为作传、记载。

朗读版　　诵读版

03

五代史伶官传序

欧阳修

宋代

姓　　名	欧阳修
别　　称	字永叔，号醉翁，晚号六一居士
出 生 地	绵州（今属四川省）
生 卒 年	公元 1007—1072 年
生命指数	66 岁

长销书作家

代表作：《醉翁亭记》《卖油翁》《朋党论》

高考主考官

选拔苏轼，推举苏辙、曾巩，力荐王安石、苏洵

养老模范

藏书、集古、抚琴、对弈、饮酒，晚年自称“六一居士”

主考官的选择

北宋嘉祐二年，出现了一张龙虎榜，被誉为“千年科举第一榜”。这是北宋文人的狂欢。

这次的进士科，录取了一群真正的实力派。在他们当中，有人后来叱咤政坛，有人为文学和思想馈赠了流传千古的宝藏。苏轼、苏辙，程颢、程颐，曾巩、曾布，三对兄弟，六大才子……这一届，史上最强。

五十一岁的欧阳修，担任省试主考官。凡是高谈阔论、文字僻涩的考生，他一律不予录取。反对迂阔，摒弃险怪，是他的政治诉求，也是他的审美。

他把苏轼的古文拔为第二名，将苏辙和曾巩一并录取；他大力推荐王安石、“三苏”的散文；他确立了平淡、洗练的文风：从他开始，宋代散文的颓势被彻底扭转。

欧阳修，宋代的韩愈，写作者的伯乐，以视野与胸襟，去甄拔每一个值得的人才，振起一代文运。

❶呜呼！盛衰之理，虽曰天命，岂非人事哉！**原**

庄宗之所以得天下，与其所以失之者，可以知之矣。

❷世言晋王之将终也，以三矢（shǐ）赐庄宗而告之曰："梁，吾仇也；燕（yān）王吾所立，契（qì）丹与吾约为兄弟，而皆背晋以归梁。此三者，吾遗恨也。与尔三矢，尔**其**无忘乃父之志！"庄宗受而藏之于庙。

解字析词

- 伶官：古称演戏的人为伶，在宫廷中授有官职的伶人叫作伶官。
- 原：推其根本。
- 其：副词，表示祈使语气。

①唉！（国家）兴盛衰亡的规律，虽说是出于天意，难道不也是人为的吗！（我们）探究（后唐）庄宗为什么能够取得天下，以及失去天下的原因，就可以懂得这个道理。

②世人传言晋王（李克用）临死的时候，把三支箭赐给庄宗，告诫他说："梁，是我们的仇敌；燕王是我们扶立的，契丹（曾）和我们结为兄弟，可是（他们）都背叛了后晋而依附于梁。这三件事，是我的遗恨。给你三支箭，你不要忘记你父亲的心愿哪！"庄宗接受了（这三支箭），收藏在祖庙里。

日益精进

◆ 五代十国

公元 907 年朱温灭唐称帝，国号梁，史称"后梁"，此后相继出现后唐、后晋、后汉、后周，合称"五代"。同时，中国南方和山西地区，先后出现吴、南唐、吴越、楚、闽、南汉、前蜀、后蜀、荆南（即南平）、北汉等国，合称"十国"。

其后用兵，则遣从事以一少(shào)牢告庙，请其矢，盛(chéng)以锦囊，负而前驱，及凯旋而纳之。

3 方其系(xì)燕父子以组，函梁君臣之首，入于太庙，还矢先王，而告以成功，其意气之盛，可谓壮哉！

解字析词

- 从事：官名，这里泛指一般属官。
- 一少牢：羊、猪各一头。
- 告庙：天子或诸侯遇出巡、战争等重大事件而祭告祖庙。
- 请其矢：恭敬地取出他父亲（留下）的箭。请，敬辞，用以代替某些动词，表示恭敬、慎重。
- 组：丝带、丝绳，这里泛指绳索。
- 函：匣子，这里用作动词，用匣子装。

此后打仗，（他就）派属官用一少牢祭告祖庙，然后恭敬地取出他父亲（留下）的箭，放在织锦的袋子里，（行军打仗时）背着（箭冲杀）在最前面，等到胜利归来，（再）把箭收藏（在祖庙里）。

③ 当他用绳子捆绑了燕王父子，用匣子装着梁国君臣的人头，送到祖庙，把箭放回先王灵位之前，祭告成功的消息时，他的精神气概是那样旺盛，称得上豪壮极了！

日益精进

◆ “少牢”与“太牢”

这里的“牢”，就是古代祭祀用的牲畜。祭祀时用猪、牛、羊各一头，叫“太牢”；用羊、猪各一头，叫“少牢”。

及仇雠(chóu)已灭，天下已定，一夫夜呼，乱者四应，仓皇东出，未及见贼而士卒离散，君臣相顾，不知所归，至于誓天断发，泣下沾襟(jīn)，何其衰也！岂得之难而失之易欤(yú)？**抑本**其成败之迹，而皆自于人欤？**《书》**曰：“满招损，谦得益。”忧劳可以兴国，**逸豫**可以亡身，自然之理也。

解字析词

- 雠：与“仇”同义。
- 抑：或者，还是。
- 本：考察，探究。
- 《书》：指《尚书》。
- 逸豫：安乐。

等到仇敌已经消灭，天下已经平定，一个人夜里呼喊，作乱的人四方响应，（庄宗）慌乱中（带兵）奔向东方，还没有见到敌人，将士就已溃散，君臣面面相觑，不知投奔何方，乃至于割断头发，对天盟誓，眼泪落下沾湿衣襟，多么衰弱呀！难道得天下难而失天下容易吗？还是推究他成功与失败的事迹，都是由于人（的作用）呢？《尚书》说："自满带来损害，谦虚（使人）受益。"忧患辛劳可以使国家兴盛，安逸享乐能够断送自身，这是必然的规律。

日益精进

◆ 《尚书》

儒家五经之一。"尚"即"上"，《尚书》就是上古的书，是我国上古历史文件和部分追述古代事迹著作的汇编。

4 故方其盛也，举天下之豪杰，莫能与之争；及其衰也，数十伶人困之，而身死国灭，为天下笑。夫（fú）祸患常积于忽微

，而智勇多困于所溺

，岂独伶人也哉？

解字析词

- 举：全，整个。
- 忽微：极小的事。忽，一寸的十万分之一。微，一寸的百万分之一。
- 溺：沉湎、无节制。

④ 所以当他强大的时候，全天下的英雄都不能和他对抗；等到他衰败落魄的时候，几十个伶人（就可以）制服他，而（使他）身死国亡，被天下人讥笑。祸患常常由极小的事积累形成，富有智慧勇气的人往往被他沉迷的东西困扰消耗掉，（这）难道仅仅是伶人的事吗?

日益精进

◆ 文言中的语气词连用

文言中常有句末语气词连用的情况，如“也哉”“乎哉”“也已矣”。这些连用的语气词各自表达特定的语气，又组合成一种复杂的语气，而语气重心一般在最后一个语气词上。

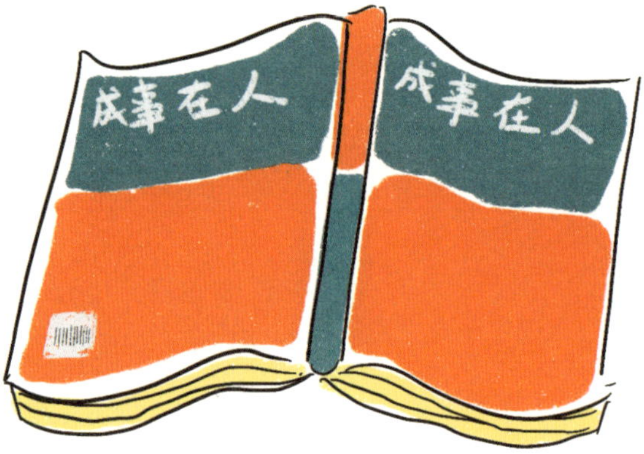

朗读版　　诵读版

04

六国论

苏洵

宋代

姓　　名	苏洵
别　　称	字明允
出 生 地	眉州眉山（今属四川省）
生 卒 年	公元 1009—1066 年
生命指数	58 岁

最强爸爸 👍👍👍👍👍

与其子苏轼、苏辙合称"三苏"，三人均被列入唐宋八大家

大器晚成 👍👍👍👍

年二十七，始知发愤读书

长销书作家 👍👍👍👍👍

代表作：《六国论》《心术》《衡论》

江湖初遇，为时不晚

年轻的苏洵，考进士铩羽而归，从此人生颓废。

母亲病逝，当头棒喝，才让他如梦初醒。昔日的聪明并不能抵挡岁月的蹉跎，他决定再次出发。

世间能量皆守恒，今日的低头，用来偿还年少的嬉游。

后来，他的儿子苏轼也出生了。不知是新生儿让他变得成熟，还是苦读送来了反哺，苏洵终于在闭门精读多年以后，顷刻之间，下笔千言。将自己清零，与孩子一起学习，一起进步，是一个老父亲的快乐，也是一个小学生的怡然。

人到中年的苏洵，带着苏轼、苏辙赶考，终于被欧阳修发现、激赏，从此名满文坛。

老骥伏枥，志在千里。江湖初遇，为时不晚。

❶六国破灭，非兵不利，战不善，弊在**赂**（lù）

秦。赂秦而力亏，破灭之道也。**或曰**：六国**互丧**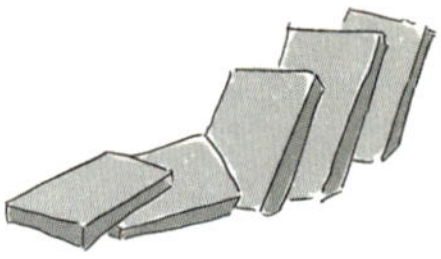，**率**（shuài）赂秦耶？曰：不赂者以赂者丧。盖

失强援，不能独**完**。故曰：弊在赂秦也。

解字析词

- 赂：赠送财物。
- 或曰：有人说。
- 互丧：相继灭亡。
- 率：全都，一概。
- 完：保全。

①六国的灭亡，不是（因为）武器不锋利，仗打得不好，弊病在于（用土地来）贿赂秦国（以求和）。向秦国割地贿赂亏损了自己的力量，（这就是）灭亡的原因。有人问："六国相继灭亡，（难道）全部（是因为）向秦国割地贿赂吗?"（回答）说："不贿赂秦国的国家因为向秦国贿赂的国家而灭亡。原因是（不贿赂秦国的国家）失掉了强有力的外援，不能独自保全。所以说：弊病在于（用土地来）贿赂秦国（以求和）。"

日益精进

◆ 六国与北宋

在苏洵生活的年代，北宋每年要向辽和西夏上贡大量财物，助长了辽、西夏的气焰，带来了无穷的祸患。针对这样的现实，苏洵写下了《六国论》，借古讽今，告诫北宋统治者要吸取六国灭亡的教训，以免重蹈覆辙。

②秦以攻取之外，小则获邑，大则得城。较秦之所得，与战胜而得者，其实百倍；诸侯之所亡，与战败而亡者，其实亦百倍。则秦之所大欲，诸侯之所大患，固不在战矣。思厥先祖父，暴霜露，斩荆棘，以有尺寸之地。子孙视之不甚惜，举以予人，如弃草芥。

解字析词

- 以攻取：用攻战（的方法）取得。
- 厥：相当于“其”。
- 祖父：泛指祖辈、父辈。
- 暴：同“曝”，暴露。
- 举以予人：拿来送给别人。
- 芥：小草。

②秦国除了用攻战（的方法）取得（土地），（还受到诸侯的贿赂，）小的就获得邑镇，大的就获得城池。把秦国（受贿赂）所得到的（土地）与战胜别国所得到的（土地）相比较，这实际多百倍；六国（因割让而）丧失的（土地），与战败所丧失的（土地相比），这实际上也要多百倍。那么秦国最大的欲望，六国诸侯最大的隐忧，本来就不在于战争。想到他们的祖辈和父辈，冒着寒霜雨露，披荆斩棘，才有了很少的一点土地。子孙对那些土地却不很爱惜，拿来送给别人，就像丢弃小草一样。

日益精进

◆ 秦国崛起

商鞅变法以后，秦国由于社会改革比较彻底，经济发展迅速，军队装备精良，战斗力大大增强。到了嬴政即位时，“战国七雄”中的其他六国都已衰败，秦国则一枝独秀，具备了统一天下的条件。

今日割五城，明日割十城，然后得一夕安寝。起视四境，而秦兵又至矣。然则诸侯之地有限，暴(bào)秦之欲无**厌**

，**奉之弥(mí)繁**，**侵之愈急**。故不战而强弱胜负已**判**矣。至于颠覆，理固**宜然**。古人云："以地事秦，犹抱薪救火，薪不尽，火不灭。"此言**得**之。

解字析词

- 厌：满足。
- 奉之弥繁，侵之愈急：（六国）送给秦越多，（秦）侵犯六国越厉害。
- 判：决定，确定。
- 宜然：应该这样。
- 得：适宜、得当。

今天割让五座城，明天割让十座城，这样之后（才能）得到一夜的安睡。（待明天）起床一看四周边境，秦国的军队又来了。既然这样，那么六国的土地有限，而强暴的秦国的欲望永远不会满足，（六国）送给秦越多，（秦）侵犯六国就越厉害。所以用不着战争，谁强谁弱、谁胜谁负就已经确定了。以至（六国）最终覆灭，是理所当然的。古人说："用土地侍奉秦国，就好像抱柴救火，柴不烧完，火就不会灭。"这话说得很正确。

日益精进

◆ 抱薪救火

也作"负薪救火"，比喻因为方法不对，虽然有心消灭祸患，结果反而使祸患扩大。战国末年，秦国不断并吞邻近的国家，魏国决定割让土地给秦国求和。战略家苏代反对，他说：通过割让土地去和秦国讲和，就像抱着柴火去救火，柴没烧完，火是不会灭的。可是魏王不听劝阻。最后真的就像苏代说的一样，秦国根本不满足，掠夺了更多城池，并于公元前 225 年灭掉了魏国。

③齐人未尝赂秦，终继五国迁灭dead，何哉？与嬴（yíng）而不助五国也。五国既丧，齐亦不免矣。燕（yān）赵之君，始有远略，能守其土，义

不赂秦。是故燕虽小国而后亡，斯用兵之效也。至丹以荆卿（qīng）为计，始速祸焉。赵尝五战于秦，二败而三胜。后秦击赵者再

，李牧连却之。

解字析词

- 迁灭：灭亡。
- 与：亲附、亲近。
- 嬴：秦国君主的姓，这里指秦国。
- 远略：长远的谋略。
- 荆卿：荆轲，即下文提到的“刺客”。
- 速：招致。

③ 齐国不曾贿赂秦国，最终也随着五国灭亡了，为什么呢？（是因为齐国）亲附秦国而不帮助其他五国。五国已经灭亡了，齐国也就没法幸免了。燕国和赵国的国君，起初有长远的谋略，能够守住他们的国土，坚持正义，不贿赂秦国。因此燕虽然是个小国，却后来才灭亡，这就是用兵抗秦的效果。等到后来（燕太子）丹用（派遣）荆轲（刺杀秦王）作为（对付秦国的）计策，才招致了（灭亡的）祸患。赵国曾经与秦国交战五次，打了两次败仗、三次胜仗。后来秦国两次攻打赵国，（赵国大将）李牧接连打退秦国的进攻。

日益精进

◆ 荆轲

战国时期著名刺客，喜好读书击剑，为人慷慨侠义，游历到燕国，被人推荐给太子丹。秦国威胁燕国南界，太子丹震惧，决定派荆轲入秦行刺秦王。临行前的场面十分悲壮，荆轲作“风萧萧兮易水寒，壮士一去兮不复还”之句。后荆轲刺秦王不中，被秦王拔剑击成重伤后为秦侍卫所杀。

洎（jì）

牧以谗（chán）诛，邯郸为郡，惜其用武而不终

也。且燕赵处秦革灭殆（dài）尽之际，可谓智力孤危，战败而亡，诚不得已。向使三国各爱其地，齐人勿附于秦，刺客不行，良将犹在，则胜负之数，存亡之理，当（tǎng）与秦相较，或未易量（liáng）。

解字析词

- 洎：及，等到。
- 三国：指韩、魏、楚三国。这三国都曾割地赂秦。
- 胜负之数，存亡之理：胜败存亡的命运。数、理，指天数、命运。
- 较：较量。

等到李牧因受诬陷而被杀死，（赵国都城）邯郸变成（秦国的）一个郡，可惜赵国用武力（抗秦）而没能坚持到底。况且，燕、赵两国正处在秦国把其他国家快要消灭干净的时候，可以说是智谋穷竭，国势孤立危急，战败而亡国，确实是不得已。假使韩、魏、楚三国各自爱惜自己的国土，齐国不依附秦国，（燕国的）刺客不去（刺秦王），（赵国的）良将（李牧）还活着，那么胜败存亡的命运，倘若与秦国相较量，也许还不容易衡量（出高低来）呢。

日益精进

◆ 秦灭六国之战

秦国从公元前 230 年攻打韩国到公元前 221 年灭齐国，在 10 年的时间里先后消灭韩、赵、魏、楚、燕、齐六国，结束了中国自春秋以来长达 500 多年的诸侯割据纷争的局面。

4 呜呼！以赂秦之地封天下之谋臣，以事秦之心礼

天下之奇才，并力西向，则吾恐秦人食

之不得下咽也。悲夫！有如此之势，而为秦人**积威之所劫**

，日削(xuē)月割，以趋于亡。**为**(wéi)国者无使为积威之所劫哉！

解字析词

- 积威：积久而成的威势。
- 劫：胁迫，挟持。
- 为：治理。

④ 唉！（如果各国）把贿赂秦国的土地封给天下的谋臣，用侍奉秦国的心来礼遇天下的奇才，齐心合力地向西（对付秦国），那么，我担心秦国人连饭也咽不下。可悲呀！有这样的（有利）形势，却被秦国积久而成的威势所胁迫，天天割地，月月割地，以至于走向灭亡。治理国家的人不要被积久而成的威势所胁迫呀！

日益精进

◆ “三苏”三篇《六国论》

六国为秦所灭，秦历二世而亡，这一段历史历来深受关注。不仅是苏洵，苏轼、苏辙也各自写了一篇《六国论》。他们站在不同的角度发表议论和感慨，而又都借古鉴今、针砭时弊，表现出古代士人家国天下的情怀。

❺夫六国与秦皆诸侯，其势弱于秦，而犹有可以不赂而胜之之势。苟以天下之大，**下**

而从六国破亡之**故**

事(shì)

，是又在六国下矣。

解字析词

- 下：降低身份。
- 故事：旧事。

⑤ 六国和秦国都是诸侯之国，（尽管）它们的势力比秦国弱，但还有可以不贿赂秦国而战胜它的形势。（今天）如果凭借这么大的一个国家，自降身份跟着去做六国灭亡的旧事，这就又在六国之下了。

日益精进

◆ 论

“论”作为一种文体，属议论文。西晋的陆机在《文赋》中写道：“论精微而朗畅。”意思是，论用以评述是非功过，语言精辟、缜密而明白流畅。

朗读版　　　　诵读版

05

石钟山记

苏轼

宋代

姓　　名	苏轼
别　　称	字子瞻，一字和仲，号铁冠道人、东坡居士，世称苏东坡
出 生 地	眉州眉山（今属四川省）
生 卒 年	公元 1037—1101 年
生命指数	65 岁

大书法家

代表作：《黄州寒食诗帖》《赤壁赋》《祭黄幾道文》

社会关系

与其父苏洵、其弟苏辙合称“三苏”

最佳评论员

评价韩愈：文起八代之衰，而道济天下之溺

评价欧阳修：论大道似韩愈，论事似陆贽，记事似司马迁，诗赋似李白

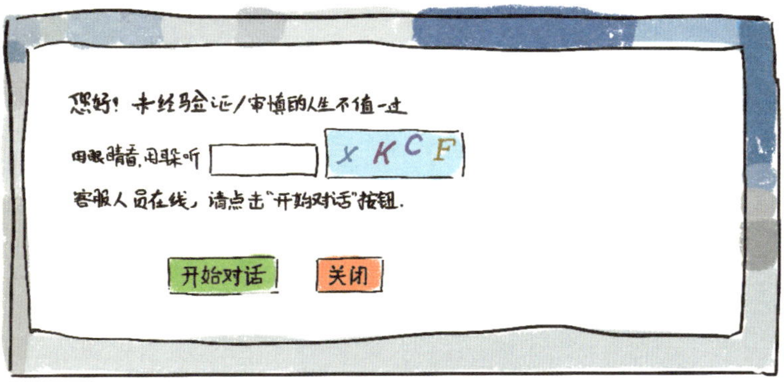

注意，苏东坡上线

如果把唐宋八大家装订成书，苏轼一定是开篇第一章。他是继欧阳修之后的文坛领袖，宋代文学的一代宗师。

不得不承认，有些人自带使命来到人间。他开启了豪放派宋词的序章。他一生峰回路转，足迹几乎遍布神州。四十三岁，“乌台诗案”成为人生的岔路口。被以莫须有的罪名贬谪至黄州，他终于有了一块地，开始耕种，造屋，自号“东坡居士”。

自此，苏轼正式成为苏东坡。

黄州几年，是他生命中的至暗时刻。“寂寞沙洲冷”，和当初的“老夫聊发少年狂”，像出自两个人的手笔。但词人之所以伟大，是因为他能把凄风苦雨酿成“大江东去”，把思念镌刻进“十年生死两茫茫”，生活的苦难成就了无数千古名篇。《石钟山记》即是调离黄州之时的作品。

前半生，苏轼少年得志。

后半生，苏东坡豁达顽皮，人间烟火。

①《水经》云："彭蠡(lǐ)之口有石钟山焉。"郦(lì)元以为下临深潭，微风鼓浪，水石相搏，声如洪钟。是说也，人常疑之。今以钟磬(qìng)置水中，虽大风浪不能鸣也，而况石乎！至唐李渤始访其遗踪，得双石于潭上，扣而聆(líng)之，南声函胡，北音清越，桴(fú)止响腾，余韵徐歇。

解字析词

- 彭蠡：鄱阳湖的别称。
- 郦元：即郦道元。
- 鼓：激荡，掀动。
- 磬：古代打击乐器，形状像曲尺，用玉或石制成。
- 遗踪：旧址，陈迹。这里指所在地。
- 函胡：同"含糊"。
- 清越：清脆悠扬。
- 桴止响腾：鼓槌停止了（敲击），声音还在传播。腾，传播。
- 余韵徐歇：余音慢慢消失。韵，声音。

①《水经》上说："彭蠡湖的湖口，有一座石钟山。"郦道元认为（它）之所以得名是因为山下对着深潭，微风吹动波浪，湖水和石头互相撞击，发出的响声像洪钟（的声音）。这种说法，人们常常怀疑（它的正确性）。现在把钟和磬放置在水中，即使有很大的风和浪（它们）也不能发出响声，更何况是石头呢！到了唐代，李渤才寻访郦道元到过的地方，在深潭上面找到两块石头，敲击（它们），听它们发出的声音，南面（的石头发出的）声音厚重而模糊，北面（的石头发出的）声音清脆悠扬，鼓槌停止（敲击），声音还在传播，余音慢慢地消失。

日益精进

◆ 郦道元

北魏时期地理学家。少年时跟随父亲游历，得以观察各地山川风物，也因此激发了其对于大好河山的热爱。著有《水经注》四十卷，成为中国游记文学的开创者，对后世游记散文的发展影响颇大，并由此形成地理学派。

自以为得之矣。然是说也，余尤疑之。石之铿(kēng)然有声者，所在皆是也，而此独以钟名，何哉?

②元丰七年六月丁丑，余自齐安舟行适临汝，而长子迈将赴饶之德兴(xīng)尉，送之至湖口，因得观所谓石钟者。寺僧使小童持斧，于乱石间择其一二扣之，硿(kōng)硿焉。余固笑而不信也。

解字析词

- 铿然：形容敲击金石发出的响亮的声音。
- 硿硿焉：硿硿地响。

（李渤）自己便认为找到石钟山命名的原因了。然而（对于）这种说法，我更加怀疑。能发出铿铿声音的石头，到处都有，而这里偏偏用“钟”来命名，是什么缘故呢?

②元丰七年六月初九，我从齐安乘船到临汝去，（同时）大儿子苏迈要到饶州的德兴县就任县尉，（我）送他到湖口，因而得以看到传说中的石钟山。寺院里的和尚让一个小童拿着斧头，在乱石中挑选一两块来敲击，硿硿地响，我还是笑笑而不相信（是这么回事）。

日益精进

◆ 游记

散文的一种，主要记述旅途见闻、某地历史沿革、现实状况、社会习尚、风土人情和山川景物、名胜古迹等，也表达作者的思想感情。文笔轻快，描写生动。

至暮夜月明，独与迈乘小舟，至绝壁下。大石侧立千尺，如猛兽奇鬼，**森然**欲搏人；而山上**栖鹘**(qī hú)，闻人声亦惊起，**磔磔**(zhé)云霄间；又有若老人咳(ké)且笑于山谷中者，或曰此**鹳鹤**(guàn)也。余方**心动**欲还(huán)，而大声发于水上，**噌吰**(chēng hóng)如钟鼓不绝。舟人大恐。

解字析词

- 森然：阴森的样子。
- 栖鹘：宿巢的隼。鹘，隼的旧称。
- 磔磔：鸟鸣声。
- 鹳鹤：水鸟，似鹤而顶不红，颈和嘴都比鹤长，夜宿高树。
- 心动：内心惊恐。
- 噌吰：形容钟鼓的声音。

到了夜里月光明亮时，（我）单独同儿子苏迈坐着小船，划到陡峭的石壁下。巨大的岩壁耸立（在水边），高达千尺，（形态）犹如凶猛的野兽和奇特的鬼怪，阴森森的，像要扑击我们似的；而山上宿巢的隼，听到人的声音也惊恐地飞起来，磔磔地鸣叫着飞上云霄；又有像老人在山谷中边咳嗽边笑的声音，有人说这是鹳鹤（的声音）。我正心里害怕，打算回去，从水上发出很大的声音，噌吰噌吰像撞钟、敲鼓一样，响个不停。船夫十分害怕。

日益精进

◆ 曾侯乙编钟

战国早期曾国国君的一套大型礼乐重器，是迄今已发现的中国古代编钟中规模最大、保存最好、音律最全、气势最宏伟的一套。它的每个钟，水平截面为椭圆形，正鼓位和侧鼓位可以敲出两个不同音高的音，就是“一钟双音”。

徐而察之，则山下皆石穴罅（xué xià），不知其浅深，微波入焉，**涵澹（hán dàn）****澎湃**而为此也。舟回至两山间，将入港口，有大石当（dǎng）中流，可坐百人，空中而多窍，与风水相吞吐，有**窾坎（kuǎn）镗鞳（tāng tà）**之声，与向之噌吰者相应，如乐（yuè）作焉。因笑谓迈曰：“**汝识之乎？**噌吰者，周景王之**无射（yì）**也；窾坎镗鞳者，魏庄子之歌钟也。**古之人不余欺也！**”

解字析词

- 涵澹澎湃：（波浪）激荡冲击。涵澹，水波动荡。
- 窾坎：击物声。
- 镗鞳：钟鼓声。
- 汝识之乎：你知道吗？
- 无射：钟名。
- 古之人不余欺也：古代的人（称这山为“石钟山”）没有欺骗我啊！不余欺，即“不欺余”。

（我）慢慢地察看，原来山下都是石头的孔洞和裂缝，不知它们的深浅，微小的波浪冲进去，（在孔隙间）激荡冲击就发出这样的声音来。小船转回行到两座山之间，快要进港口处，有一块大石头横挡在水流中央，（石上）大约可坐百人，中间是空的而且有很多小洞，与风和水相互吞吐，发出窾坎镗鞳的声音，同刚才噌吰噌吰的响声互相应和，如同奏乐一样。（我）因而笑着对苏迈说："你知道吗？噌吰的声音，（像）周景王的无射钟（发出的声音）；窾坎镗鞳的声音，（像）魏庄子编钟（发出的声音）。古人（称这山为'石钟山'）没有欺骗我啊！"

日益精进

◆ 歌钟

歌钟即编钟，是一种古代打击乐器，在架子上悬挂一组音调高低不同的铜钟，用小木槌敲打奏乐。

③事不目见耳闻，而**臆断**其有无，可乎？郦元之所见闻，**殆**（dài）与余同，而言之不详；士大夫终不肯以小舟夜泊绝壁之下，故莫能知；而渔工水师虽知而不能言。**此世所以不传**（chuán）也。而陋者乃以斧斤考击而求之，自以为得其实。余是以记之，盖叹郦元之简，而笑李渤之陋也。

解字析词

- 臆断：根据主观猜测来判断。
- 殆：大概。
- 此世所以不传也：这就是世上没有流传（石钟山得名由来）的缘故。

③ 凡事不是亲眼所见、亲耳所闻，只凭主观想象来判断它有没有，可以吗？郦道元的所见所闻大概和我相同，但是讲得不详细；一般士大夫又始终不愿（像我这样）乘小船夜晚停在绝壁之下（仔细观察），所以没有谁能了解（真相）；而打鱼人和船夫，虽然知道（真相）却说不出（道理）来。这就是世上没有流传（石钟山得名由来）的缘故。而那些见识浅陋的人竟然以用斧头敲打石块的方法来寻求真相，自以为找到了正确的答案。我因此记下这次游历的经过，叹惜郦道元（记载）简单，讥笑李渤（见识）浅陋。

日益精进

◆ 王安石三难苏学士

冯梦龙的《警世通言》里有一则故事，名为《王安石三难苏学士》，讲述的是王安石通过黄州菊花落瓣、三峡之水不同、出句求对三件事考验苏轼才学、告诫苏轼应虚心为学之事。故事的主旨“读书人不可轻举妄动，须是细心察理”与本文表达出的事须“目见耳闻”、不可臆断的道理异曲同工。

朗读版

诵读版

06

上枢密韩太尉书

苏辙

宋代

姓　　名 苏辙

别　　称 字子由，一字同叔，晚号颍滨遗老

出 生 地 眉州眉山（今属四川省）

生 卒 年 公元 1039—1112 年

生命指数 74 岁

社会关系 👍👍👍👍👍

与哥哥苏轼、父亲苏洵合称“三苏”，三人均被列入唐宋八大家

最暖弟弟 👍👍👍👍

苏轼买房没钱，苏辙借；苏轼修桥没钱，苏辙给

书法达人 👍👍👍

书法潇洒自如，工整有序

我是小苏

这是一封陌生人的来信。

《上枢密韩太尉书》，写信人是拥有老灵魂的苏辙，时年十九岁。收信人是声誉显赫的枢密使韩琦，相当于现在的国防部长。苏辙求见高官，敢想；自抒志向，不趋炎。

因为苏轼的光芒太盛，苏辙一生都在兄长的光环下，成了永远的“小苏”。苏轼的耿直、骄傲、豪放，都因有了苏辙的圆润、低调、周全而接了地气。但也因此，耀眼的更耀眼，内敛的更内敛。

如果初生牛犊不怕虎是常情，那么年轻位低而不逢迎则是稀有，直面盛名而泰然是可贵，人生起伏而不失自我是难能可贵。世人都艳羡苏轼的绝世才情，也许更该关注的是敦厚谦和不卑不亢的苏辙。回到当代语境，这封陌生人的来信开头也许是这样的：

韩部长，你好。我是小苏，我想和你谈谈。

❶太尉执事：辙(zhé)生好为文，思之至深。以为文者气之所**形**，然文不可以学而能，气可以养而**致**。孟子曰：“我善养吾**浩然之气**。”今观其文章，宽厚宏博，充乎天地之间，**称**(chèn)其气之小大。**太史公**行天下，周览四海名山大川，与燕(yān)、赵间豪俊交游，故其文**疏荡**，颇有奇气。

解字析词

- 形：显现。
- 致：得到。
- 浩然之气：指刚正广博、至大至刚之气。
- 称：相称，相符合。
- 太史公：指司马迁。
- 疏荡：疏放跌宕，指文风纵横恣肆而不受检束。

①太尉执事：我生性喜好写文章，（对怎样做好文章这件事）思考得很深入。（我）认为文章是人的气的外在体现，然而文章不是（单靠）学习就能写好的，气（却）可以通过修养而得到。孟子说："我善于培养我的至大至刚的气。"现在看他的文章，宽厚宏博，充塞于天地之间，同他的气的大小相称。司马迁走遍天下，广览四海名山大川，同燕、赵之间的英豪俊杰交游，所以他的文章疏放跌宕，很有奇伟之气。

日益精进

◆ 执事

指侍从左右的人。古代书信中常用"执事"或"左右"称对方，意思是不敢直陈，只能向左右执事人员陈述，以示尊敬。

此二子者，岂尝执笔学为如此之文哉？其气充乎其中而溢(yì)乎其貌，**动乎其言**而**见**(xiàn)乎其文，而不自知也。

❷辙生年十有(yòu)九矣。其居家所与游者，不过其邻里**乡党**之人；所见不过数百里之间，无高山大野可登览以自广。**百氏**之书，虽无所不读，然皆古人之陈迹，不足以激发其志气。

解字析词

- 动乎其言：发于言。
- 见：同“现”。
- 乡党：泛指乡里。
- 百氏：指春秋战国时期的诸子百家。

这两个人，难道是曾经执笔学过写这样的文章吗?（这是因为）他们的气充满在他们的内心而流露在他们的形貌之外，体现在他们的言语之间而表现在他们的文章中，而（他们自己）没有意识到。

② 我出生已经十九年了。我住在家里时所交往的，不过是邻居和同乡这一类人；所看到的不过是几百里之内（的景物），没有高山旷野可以登临观览以开阔自己的胸襟。诸子百家的书，虽然没有不读的，然而都是古人过去的东西，不足以激发我的志气。

日益精进

◆ 司马迁游历四方

二十岁时，学有小成的司马迁开始游历四方，考察风俗，采集传说。他从长安出发，往南方游历长江、淮河，登上会（kuài）稽山，探寻禹（yǔ）穴，窥察九疑山，在沅（yuán）水、湘江上泛舟；到北方渡过汶（wèn）水、泗（sì）水，到齐、鲁的大都市讲学，考察孔子遗留下来的风教，在邹县、峄（yì）山参加乡射大礼……一路历经波折与困难，最终回到长安。

恐遂**汩没**(gǔ mò)，故决然舍去，求天下奇闻壮观，以知天地之广大。过秦、汉之故都，**恣**(zì)观**终南**、**嵩**(sōng)、**华**(huà)之高，北**顾**黄河之奔流，慨(kǎi)然想见古之豪杰。至京师，仰观天子宫阙(què)之壮，与**仓廪**(lǐn)府库、城池**苑囿**(yuàn yòu)之富且大也，而后知天下之巨丽。

解字析词

- 汩没：埋没。
- 恣：纵情，尽情。
- 终南：终南山。
- 嵩：嵩山。
- 华：华山。
- 顾：观望。
- 仓廪：粮库。
- 苑囿：园林。囿，皇家畜养禽兽的园子。

（我）担心就此埋没了（自己），所以毅然离开（故乡），访寻天下的奇闻壮观，以便了解天地的广大。（我）经过秦朝、汉朝的故都，尽情观览终南山、嵩山、华山的高峻，向北眺望黄河的奔腾巨流，深有感慨地想起了古代的英雄豪杰。到了京城，瞻仰了天子宫殿的壮丽，以及粮仓、府库、城池、园林的富庶和巨大，然后才知道天下的宏伟壮丽。

日益精进

◆ 古代的贮藏之所

“仓”是贮（zhù）藏谷物的建筑物，“廪”是米仓。“仓廪”就是贮藏米谷的仓库。“府”是古时国家收藏财物或文书的地方，“库”是储藏战车兵甲的房舍。“府库”就是收藏文书、财物和兵器之地。

见**翰(hàn)林欧阳公**，听其议论之宏辩，观其容貌之秀伟，与其门人贤士大夫游，而后知天下之文章聚乎此也。太尉以才略冠(guàn)天下，天下之所恃(shì)以无忧，**四夷**之所**惮(dàn)**以不敢**发**，入则周公、召公，出则方叔、召虎。而辙也未之见焉。

解字析词

- 翰林欧阳公：即欧阳修。
- 四夷：指四方各少数民族。
- 惮：害怕，畏惧。
- 发：指侵扰。

谒见了翰林学士欧阳公，聆听了他宏大雄辩的议论，看到了他清秀俊伟的容貌，同他的学生贤士大夫交往，然后才知道天下的文章都汇聚在这里。太尉您以雄才大略称冠天下，天下（百姓）依靠您而无忧无虑，四方各少数民族惧怕您而不敢侵犯，在朝廷之内像周公、召公一样（辅佐君王），领兵出征就像方叔、召虎一样（御侮安边）。可是我（至今）还没有见到（您）。

日益精进

◆ 翰林学士

古代官名。唐玄宗在翰林院外另建学士院，选任有一定文学造诣的朝臣充当翰林学士。唐德宗以后，翰林学士成为皇帝最亲近的顾问兼秘书官，负责撰拟任免将相和册立皇后、太子等事的文告。北宋嘉祐二年（公元 1057 年），欧阳修以翰林学士的身份主持省试，录取了苏轼、苏辙、曾巩等人。

③且夫人之学也，不**志**其大，虽多而何为？辙之来也，于山见终南、嵩、华之高，于水见黄河之大且深，于人见欧阳公，而犹以为未见太尉也。故愿得观贤人之**光耀**，闻一言以自壮，然后可以尽天下之大观而无憾者矣。

解字析词

- 志：有志于。
- 光耀：指人的风采。

③ 况且一个人的学习，（如果）没有远大的志向，即使学了很多又有什么用呢？我这次来，对于山，看到了终南山、嵩山、华山的高峻；对于水，看到了黄河的巨大和深广；对于人，看到了欧阳公；可是仍然认为没有谒见过您（是遗憾的事）。所以希望能够一睹贤人的风采，（就是）听到（您的）一句话也足以使自己志气壮大，这样就可以（说是）看遍了天下的壮观而没有什么遗憾了。

日益精进

◆ 有志者事竟成

出自《后汉书·耿（gěng）弇（yǎn）传》，意思是有决心有毅力的人，做事终究会成功。“竟”在这里是终于的意思。

❹辙年少，未能通习吏（lì）事。**向**之来，非有取于**斗（dǒu）升之禄（lù）**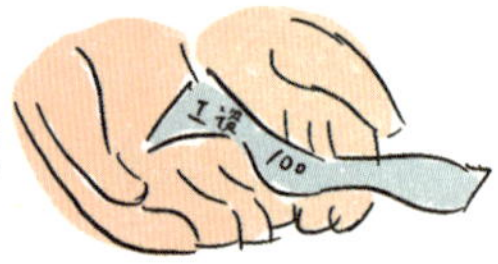，偶然得之，非其所乐。然幸得赐归待选，使得**优游**数年之间，将以益**治**其文，且学为政。太尉苟以为可教（jiào）而**辱**教之，又幸矣！

解字析词

- 向：以前。
- 斗升之禄：很微薄的俸禄。
- 优游：悠闲。
- 治：研究。
- 辱：谦辞，承蒙的意思。

④ 我年纪轻，还没能够通晓做官应知道的事情。先前来（京应试），并不是为了谋取微薄的俸禄，偶然得到了它，也不是我所喜欢的。然而有幸得到恩赐还乡等待吏部的选用，使我能够在几年之间悠闲（地度过），（我）将用来进一步研习文章之道，并且学习从政之道。太尉假如认为（我）还可以教诲而屈尊教导（我），（那么）又（更使我）感到荣幸了！

日益精进

◆ 待选

等待朝廷授官。古代考中进士后，只是取得做官的资格，还须等待吏部授予官职，在此期间称为“待选”。

朗读版

诵读版

07

答司马谏议书

王安石

宋代

姓　　名　王安石

别　　称　字介甫，号半山

出 生 地　临江军（今属江西省）

生 卒 年　公元 1021—1086 年

生命指数　66 岁

理想主义者

只为变法，不怕政敌阻挡，不顾朋友反对，不怕名声被毁

畅销书作家

代表作：《伤仲永》《游褒禅山记》《读孟尝君传》

清廉宰相

不坐轿子不纳妾，死后无任何遗产

如果没有那场变法

没有人愿意用“执拗”“刚愎”“偏执”这样的词定位自己，但王安石不介意，他说：“天变不足畏，祖宗不足学，人言不足恤。”他要变革，人挡杀人，佛挡杀佛。

当朝臣们高谈阔论冗兵、冗官、冗费的问题时，只有王安石做出了实际行动。

如果没有那场变法，王安石还会和欧阳修继续唱和诗文，和司马光无话不谈，和苏轼相约做邻居。

当然，没有如果。彼此政见不同迫使欧阳修远离京城，司马光退而著书，苏轼被一贬再贬……而王安石自己，在大约800年的历史长河里，与秦桧一同被视为奸邪小人。

王安石一生为官清廉，德行极高，当所有的朋友最终都成了他的政敌时，他却没有一个私敌。在成王败寇的评价体系里，对于王安石，赞美还是诋毁？你的选择是什么？

❶某

启：昨日蒙教(jiào)，窃以为与君实游处(chǔ)相好之日久，而议事每不合，所操之术多异故也。虽欲强聒(qiǎng guō)，终必不蒙见察，故略上报，不复一一自辨。重(chóng)念蒙君实视遇厚，于反覆不宜卤莽(lǔ mǎng)，故今具道所以，冀君实或见恕也。

解字析词

- 某：草稿中用以指代本人名字。
- 蒙教：承蒙您赐教（指来信）。
- 游处：同游共处，交往。
- 每：常常。
- 术：方法、主张。
- 强聒：唠叨不休。聒，说话声嘈杂。
- 见：被。
- 察：理解。
- 辨：同“辩”，分辩。
- 反覆：指书信往返。

①鄙人王安石请启：昨天承蒙您（来信）赐教，（我）私下认为与您交往的日子很久了，但是议论起政事来常常意见不一致，（这是因为我们）所持的政治主张多有不同啊。虽然想要（向您）勉强解释，（但）最终也必定不被（您）理解，因此（只是）很简略地给您回信，不再逐一替自己辩解。又想到受您优厚对待，在书信往来上不宜马虎草率，所以（我）现在详细地说出（我这样做的）理由，希望您或许能谅解我吧。

日益精进

◆ 王安石变法

发生在宋神宗时期的改革，是中国古代史上继商鞅变法之后又一次规模巨大的社会变革运动。变法以发展生产、富国强兵、挽救宋朝政治危机为目的，以理财、整军为中心，涉及政治、经济、军事、社会、文化各方面，但由于部分举措不合时宜，造成了百姓利益受到不同程度的损害，加之触动了大地主阶级的根本利益，所以遭到反对。宋神宗去世后，新法除了置将法，全部被废。

❷盖儒者所争，尤在于名实，名实已明，而天下之理得矣。今君实所以见教（jiào）者，以为侵官

、生事、征利、拒谏（jiàn），以致天下怨谤（bàng）也。某则以谓受命于人主，议法度而修之于朝廷，以授之于有司，不为侵官；举先王之政，以兴利除弊，不为生事；为天下理财，不为征利；

解字析词

- 侵官：侵夺官吏（的职权）。
- 生事：滋生事端。
- 征利：求取钱财。
- 拒谏：拒绝接受不同意见。
- 举：施行。

②读书人所争论的问题，尤其注重于名和实（是否相符），（如果）名和实（的关系）已经明确了，天下的根本道理也就清楚了。如今您来指教我的，是认为（我推行新法）侵夺官吏（职权）、生事（扰民）、求取钱财、拒绝接受不同意见，因此招致天下人怨恨和非议。我却认为从皇帝那里接受命令，议订法令制度并在朝廷上修正，把它交给负有专责的官吏（去执行），（这）不属侵夺官权；施行先皇的（贤明）政治，用来兴办好事，革除弊端，（这）不是惹是生非；替国家理财政，（这）不是求取钱财；

日益精进

◆ 司马光

字君实，北宋政治家、史学家。为人温良谦恭、刚正不阿；做事用功，刻苦勤奋。他“日力不足，继之以夜”，堪称儒学教化下的典范。生平著作甚多，主要有《资治通鉴》等。

辟

邪说，难(nàn)

壬(rén)人，不为拒谏。至于怨诽(fěi)之多，则固**前**知其如此也。

❸人习于苟且非一日，士大夫多以不**恤**(xù)国事、同俗自媚(mèi)于众为善，上乃欲变此，而某不量(liàng)敌之众寡(guǎ)，欲出力助上以抗之，则众何为而不**汹汹然**？

解字析词

- 辟：批驳。
- 难：排斥。
- 壬人：善于巧言献媚、不行正道的人。
- 前：预先。
- 恤：顾念，忧虑。
- 汹汹然：形容声势盛大或凶猛。

驳斥错误的言论，排斥巧辩的佞人，（这）不是拒听意见。至于怨恨和诽谤很多，（那是我）本来（就）预料到它会这样的。

③ 人们习惯于得过且过（已）不是一天了，士大夫们多数把不顾国家大事、附和世俗而向众人献媚讨好当作好事，（因而）皇上才要改变这种（不良风气），我不去估计反对者的多少，想出力帮助皇上对抗他们，那么这些人又怎会不大吵大闹呢？

日益精进

◆ 驳论

反驳对方的观点，并在此基础上阐明自己的观点和意见。

盘庚(gēng)**之迁**，**胥**(xū)**怨**者民也，非特朝廷士大夫而已；盘庚不为怨者故改其**度**(dù)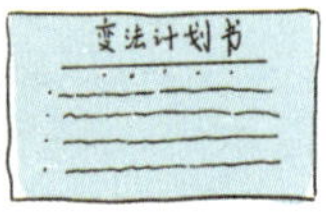

，**度**(duó)**义**而后动，**是**而不见**可悔**故也。如君实责我以在位久，未能助上大有为，以**膏泽斯民**，则某知罪矣；

解字析词

- 盘庚之迁：商王盘庚为了巩固统治、躲避自然灾害，将国都迁到殷。
- 胥怨：相怨，这里指百姓对上位者的怨恨。
- 度：第一个意为“计划”，第二个意为“考虑”。
- 义：适宜。
- 是：认为正确。
- 可悔：值得反悔的地方。
- 膏泽斯民：施恩惠给人民。

盘庚迁都，连老百姓都（对此）怨恨，（并）不只是朝廷上的士大夫而已；盘庚不因为有人怨恨就改变自己的计划，考虑到（事情）适宜就采取行动，（这是）认为（自己）正确且看不出有什么值得反悔的地方的缘故哇。如果君实您责备我是因为（我）在位很久，没能帮助皇上干一番大事业，施恩惠给人民，那么我知罪；

日益精进

◆ 盘庚迁殷

盘庚即位时，商王朝内乱频繁，政治腐败，国势衰弱。为了摆脱困境，避免水灾，盘庚于公元前 1300 年将国都迁到殷（今河南省安阳市）。迁都后，商朝复兴，诸侯来朝。

如曰今日当一切不事事，守前所为而已，则非某之所敢知。

④无由会晤（wù），不任区区向往之至！

解字析词

- 不事事：不做事，无所作为。前一个“事”是动词，办（事）。
- 由：缘由。
- 会晤：见面。
- 不任：不胜。
- 区区：小，用作自称的谦辞。

如果说现在不应该做任何事，墨守前人的陈规旧法就是了，那么（这就）不是我敢领教的了。

④ 没有缘由见面，我不胜仰慕至极！

日益精进

◆ 政见相左的诤友

王安石和司马光都有着磊落的襟怀，他们虽在政见上有很大分歧，但都以维护宋朝统治为出发点，互相保持着对对方人格的敬重。这用司马光的话说，便是“光与介甫趣向虽殊，大归则同”。王安石也承认，他们“议事每不合，所操之术多异故也”。

梦想还是要有的，
万一实现了呢？

朗读版　　诵读版

08

赠黎安二生序

曾巩

宋代

姓　　名	曾巩
别　　称	字子固，世称南丰先生
出 生 地	南丰（今属江西省）
生 卒 年	公元 1019—1083 年
生命指数	65 岁

写作高手 👍👍👍👍👍

经典范文制造者，文章注重儒家道统，讲究结构布局，文风敦厚平实，叙事条理清楚

少年天才 👍👍👍

年十二即能为文

最佳法官 👍👍👍👍👍

曾任太平州司法参军，以明习律令、量刑适当而闻名

老实人曾巩

老实人曾巩，大器晚成。他一出场就是老者形象，踏实、稳妥。他是电脑上的开机键，不绚丽，不夺目，但不可或缺。

他一生未做过高官，辗转于地方，不随波逐流，不阿附世俗，更不畏冷眼所伤，在每个地方踏实做事，勤政爱民，留下了不错的声誉。

他三十九岁考取进士，四十九岁写下《赠黎安二生序》。对于两位遭受非议的年轻人，曾巩鼓励他们：穿越它，非议是踏上成功之路的热身；直面它，水性再好唾沫星子里也不能游泳；理解它，非议热气腾腾，它是生活本身。年轻，除了信念一无所有，装备要靠一拳一脚的真功夫加持，认准目标不三心二意是游戏规则。

如果把唐宋八大家做成人偶在博物馆里展出，老实人曾巩肯定会站出团结、紧张、严肃、认真的架势。

❶赵郡苏轼，予之同年友也。自蜀以书至京师遗（wèi）予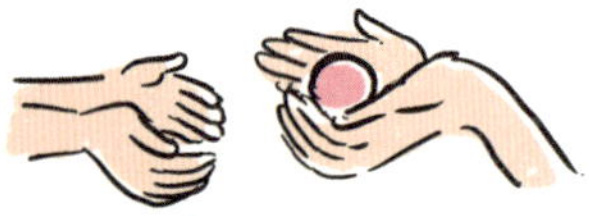，称蜀之士曰黎生、安生者。既而黎生携其文数十万言，安生携其文亦数千言，辱以顾予。读其文，诚闳（hóng）壮隽（juàn）伟，善反复驰骋（chěng），穷尽事理，而其材力之放纵，若不可极者也。二生固可谓魁（kuí）奇特起之士，而苏君固可谓善知人者也。

解字析词

- 遗：给。
- 辱：谦辞。承蒙、屈驾的意思。
- 顾：来访。
- 闳壮：宏大。
- 隽：意味深长。

①赵郡人苏轼，是我同榜中试的好友。（他）从蜀地写了一封信（托人）带到京城送给我，称赞蜀地的读书人黎生和安生。不久黎生带了自己数十万字的文章，安生也带了自己数千字的文章，屈驾来访问我。（我）读了他们的文章，（觉得）确实气势宏大、意味深远，善于上下反复、纵横驰骋，将事理讲得非常详尽、透彻，他们才华的奔放恣肆，似乎不能到达尽头。这两位真可说是杰出俊伟的出众人才，而苏君当然可以说是善于识别人才的人。

日益精进

◆ 序

“序”作为一种文体，可指序言，即介绍评述一部著作或一篇文章的文字，如王羲之的《兰亭集序》；也可指赠序，用于临别赠言，如《赠黎安二生序》。

②顷（qǐng）之，黎生**补**江陵府司法参军，将行，请予言以为赠。予曰："予之知生，既得之于心矣，**乃**将以言相求于外邪？"黎生曰："生与安生之学于**斯文**

，**里之人**皆笑以为迂（yū）阔，今求子之言，盖将解惑于里人。"予闻之，自顾而笑。

解字析词

- 顷之：过了不久。
- 补：旧指有官吏缺额时，选拔新的官员补缺、充任。
- 乃：反问词，难道。
- 斯文：指当时欧阳修、苏轼等所倡导的古文。
- 里之人：同乡的人。
- 迂阔：迂腐，不切实际。

② 不久，黎生补官做江陵府司法参军，将要出发，请我写几句话作为赠言。我说："我对你的了解，已经存在内心深处了，难道还要求用言语表达出来吗?"黎生说："我和安生学习写这些文章，乡里的人都讥笑（我们），把这当作不切实际，现在求取您的赠言，是为了消除乡里人（对我们）的困惑。"我听了他的话，想到自身，（不由得）笑了。

日益精进

◆ 转、调、徙、出、补

在古代职务调动中，"转""调""徙"是一般调动；"出"指出京受任；"补"是补充缺职，或由候补而正式任命。

❸夫世之迂阔，孰有甚于予乎？知信乎古，而不知合乎世；知志乎道，而不知同乎俗。此予所以**困**于今而不自知也。世之迂阔，孰有甚于予乎？今生之迂，特以文不近俗，迂之小者耳，**患**

为笑于里之人。若予之迂大矣，使生持吾言而归，且**重**（chóng）得罪，**庸讵**（jù）止于笑乎？然则若予之于生，将何言哉？谓予之迂为善，则其患若此。

解字析词

- 困：窘迫，不通达。
- 患：担心。
- 重：更加。
- 庸讵：岂，何。

③ 要论世上人的不切实际，有谁能比我更严重呢？（我）只知道相信古人（所讲的道理），而不知道适宜于今世；只知道有志于追求道义，而不知道迎合当代的风气。这就是我困顿于当世而至今自己还不能领悟的原因。世上的不切实际，有谁能比我更严重呢？现在你们二人的不切实际，只是因为所写的文章与世俗不相接近，（这只不过）是不切实际的小的表现，（不过是）担心被乡里人讥笑。像我的不切实际这样严重，假若你们带着我的话回去，（你们）就更要招致指责，哪里只是遭到讥笑而已呢？但是我对你们，将说些什么话呢？（如果）认为我的不切实际是好的，那么它的害处就像这样。

日益精进

◆ 信古志道

相信并喜欢古时的道理，有志于追求道义。《论语·述而》中有“述而不作，信而好古，窃比于我老彭”，《论语·里仁》中有“士志于道，而耻恶衣恶食者，未足与议也”。

谓为不善，则有以合乎世，必违乎古，有以同乎俗，必离乎道矣。生**其**无急于解里人之惑，则于是焉必能择而取之。

❹遂书以赠二生，并示苏君以为何如也。

解字析词

◆ 其：助词。请、希望的意思。

（如果）认为（我的不切实际）是不好的，那么就会迎合当世，必然违背古人的信条，就会合乎流俗，必然远离圣贤之道。请你们不要急于消除乡里人的困惑，那么在这方面，就一定能够经过选择获得正确的东西。

④ 于是（我把这些话）写下来赠给你们二人，也请转苏君一览，看他认为（我的看法）怎么样。

日益精进

◆ 北宋诗文革新运动

北宋继唐代古文运动而起的文学革新运动，主要反对以西昆体为代表的浮靡文风，主张对诗、文进行革新，在唐代古文运动之后，又一次推动了古代文学特别是散文及文论的发展。代表人物有欧阳修、王安石、苏轼、曾巩等。

朗读版

诵读版